AF303398

LA GUERRE DE PALESTINE DE 1948

De la proclamation de l'indépendance
d'Israël à l'armistice de Rhodes

Par Camille David
Sous la direction de Mathieu Beaud

50MINUTES.fr

LA GUERRE DE PALESTINE

INTRODUCTION

Conflit majeur de notre époque, les tensions israélo-palestiniennes et israélo-arabes ne cessent de faire la une de l'actualité. Entre relances du processus de paix, échecs des négociations et attentats, la situation ne semble pas s'améliorer. Les hostilités débutent en 1947 et se manifestent à travers diverses guerres entre Israël et une coalition formée de plusieurs États arabes en 1948 (guerre de Palestine), 1956 (guerre de Suez), 1967 (guerre des Six Jours), 1973 (guerre du Kippour), 1982 et 2006 (première et deuxième guerres du Liban).

Le premier conflit, appelé la « guerre de Palestine », fait suite à la guerre civile (1947-1948) opposant Juifs et Palestiniens au sujet de l'avenir territorial de la Palestine après le retrait des forces britanniques, mandataires du pays depuis 1922. Les Juifs, arrivés en masse en Palestine depuis le début du XXe siècle, revendiquent en effet la création d'un État d'Israël, mais les Palestiniens y sont farouchement opposés. Les tensions entre les deux communautés ne cessent alors de s'intensifier. La situation tourne toutefois à l'avantage des Israéliens et le 14 mai 1948, le chef sioniste David Ben Gourion proclame l'indépendance de l'État d'Israël. L'invasion de la Palestine est alors décrétée par les nations arabes voisines, décidées à mettre un terme aux revendications sionistes dans la région. C'est ainsi que débute la guerre de Palestine, qui voit s'opposer à partir de mai 1948 les forces juives d'Israël à une coalition composée notamment de la Transjordanie, de l'Égypte, de la Syrie et de l'Irak, et qui débouche sur la signature de l'armistice à Rhodes le 24 février 1949.

DONNÉES-CLÉS

- **Quand ?** Du 15 mai 1948 au 20 juillet 1949
- **Où ?** En Israël et en Palestine
- **Contexte ?** Le conflit israélo-arabe
- **Belligérants ?** Israël contre une coalition regroupant l'Égypte, l'Irak, la Transjordanie, la Syrie, le Liban et l'Arabie saoudite
- **Acteurs principaux ?**
  - Abdallah Ier, roi de Jordanie (1882-1951)
  - David Ben Gourion, homme politique israélien (1886-1973)
- **Issue ?** Victoire israélienne
- **Victimes ?**
  - Camp juif : environ 4 000 soldats et 2 400 civils morts
  - Camp palestinien : entre 12 000 et 20 000 civils et militaires morts
  - Camp arabe : environ 4 000 soldats morts

CONTEXTE POLITIQUE ET SOCIAL

UNE PALESTINE SOUS MANDAT BRITANNIQUE DE 1922 À 1948

Faisant auparavant partie intégrante de l'Empire ottoman, la Palestine devient officiellement un protectorat de la Grande-Bretagne en 1922.

Alors que l'issue de la Première Guerre mondiale (1914-1918) est encore incertaine, les Français et les Britanniques participent au démantèlement du vaste Empire ottoman et signent les accords secrets de Sykes-Picot en 1916, qui prévoient le partage du contrôle du Proche-Orient entre les deux puissances coloniales. Mais la Société des Nations (organisation internationale créée à la fin de la Première Guerre mondiale en vue de faire respecter la justice et le droit international et d'interdire la guerre) n'attribue officiellement le mandat nécessaire à la Grande-Bretagne pour administrer la Palestine qu'en juillet 1922. Londres doit dès lors faire face à la difficile cohabitation entre la communauté arabe locale et les Juifs provenant essentiellement d'Europe qui arrivent en masse depuis la fin du XIXe siècle. Cette immigration s'intensifie au début du XXe siècle avec le développement du sionisme politique.

En 1917, le ministre des Affaires étrangères britannique, Arthur James Balfour (1848-1930), affirme dans une lettre adressée au baron de Rothschild (1868-1937), le vice-président du comité des députés juifs, que le gouvernement anglais propose de créer en Palestine un foyer national juif prônant ainsi un retour des Juifs sur leurs terres historiques. Si cette déclaration engendre dans un premier temps le soutien britannique au mouvement sioniste, la prise en charge de la région leur impose dans un second temps de tenir compte des intérêts des habitants arabes et de l'avis des pays voisins. Londres avait déjà promis en 1915 au roi égyptien Hussein ibn Ali (vers 1856-1931) via le Haut-commissaire britannique d'Égypte, Henry McMahon (1862-1949), l'indépendance et le contrôle des territoires qui seraient libérés du joug ottoman. Le territoire palestinien devient dès lors l'objet de toutes les convoitises.

L'émigration des Juifs vers la Palestine prend de plus en plus d'ampleur dans les années trente, renforcée par l'accession au pouvoir d'Adolf Hitler (homme d'État allemand, 1889-1945) et par la mise en place de sa politique anti-juive : pogroms, stigmatisation, ghettoïsation, déportation et extermination se succèdent entraînant un exode massif. La population juive présente sur le territoire atteint d'ailleurs les 28 % en 1940. Cet afflux important continue après la Seconde Guerre mondiale (1939-1945), non sans heurts : des conflits, des grèves, et des hostilités éclatent avec les Palestiniens entre 1920 et 1947 et la violence ne cesse de croître entre les deux communautés. Mais depuis 1945, les Britanniques s'opposent de plus en plus à l'immigration juive comme le prouve en juillet 1947 l'affaire de l'*Exodus*, un navire transportant 4 500 Juifs qui est refoulé par les Britanniques aux portes de la Palestine et est ramené vers la France et l'Allemagne.

Si des tensions sont palpables entre Arabes et Juifs, des incidents éclatent également contre le colonisateur britannique, avec comme point culminant la grande révolte de 1936 à 1939, insurrection qui vise à établir une nation arabe palestinienne, qui sera violemment réprimée par les milices sionistes. En réaction au soulèvement, la Grande-Bretagne tente de trouver une solution en promulguant une série de lois nommée « le Livre blanc » (1939) qui préconise une Palestine unitaire, indépendante et gouvernée par les Arabes et les Juifs tout en limitant l'immigration sioniste. Les mesures prévues ne satisfont aucune des deux communautés et provoquent même de nouveaux incidents. Face à cette nouvelle montée de violence, les Britanniques tentent de trouver une solution au problème. Un rapport qui prévoit une modification du « Livre blanc » est alors émis en juillet 1946 : il conçoit un plan de séparation de la Palestine en deux provinces autonomes dont les intérêts collectifs seraient gérés par une puissance étrangère mandataire. Mais les désaccords persistent, aucune solution ne semblant réellement envisageable pour les deux parties. Par ailleurs, alors que le processus de décolonisation débute au Moyen-Orient, les Britanniques annoncent leur prochain retrait de Palestine le 18 février 1947. La fin du mandat étant fixée au 15 mai 1948, une commission spéciale de l'Organisation des Nations unies (ONU) est chargée de trouver une solution au problème de cohabitation.

Un plan de partage est voté par l'Assemblée générale de l'ONU le 29 novembre 1947 qui voit l'abandon de l'idée d'un État unitaire au profit d'un État fédéré binational. Coexisteraient donc un État arabe et un État juif tandis que l'administration de la capitale, Jérusalem, – qui obtiendrait le statut de ville internationale – serait placée entre les mains de l'ONU. La communauté juive de Palestine accepte rapidement le plan proposé, qui correspond parfaitement à ses attentes. À l'inverse, les Palestiniens et les pays arabes voisins refusent de partager le territoire et s'opposent au plan ainsi qu'à la création d'un État juif qui menacerait selon eux l'islam et l'équilibre régional. Ceux-ci récusent également les revendications juives qui se basent sur des références historiques ou religieuses pour justifier leur retour, qui est considéré comme une forme de colonialisme orchestré par les puissances européennes et chapeauté par l'ONU. Suite à ce refus, les tensions entre les deux camps redoublent d'intensité et la guerre civile éclate officiellement le 30 novembre 1947.

LA GUERRE CIVILE DE 1947-1948

Alors que les Palestiniens veulent à tout prix empêcher le partage de la Palestine, les Juifs désirent eux sécuriser la zone qui leur est attribuée, quitte à devoir expulser les populations arabes installées dans les territoires en question. Des affrontements ont lieu entre des milices juives clandestines de défense dont la *Haganah*, l'*Irgoun*, le *Lehi* et des irréguliers palestiniens dont la *Jaysh-al-Jihad al-Muqaddas* – qui peut être traduit par « armée de la guerre sainte » – soutenue par des volontaires arabes qui forment l'Armée de libération arabe. Les forces britanniques, qui estiment avoir déjà perdu trop d'hommes, restent relativement passives dans cette guerre civile et tentent de ne pas intervenir dans le conflit en attendant la date officielle de retrait.

Dès janvier 1948, l'Armée de libération arabe se répartit dans les villes côtières et renforce sa présence en Galilée (nord d'Israël) et en Samarie (centre de la Palestine) tandis que des hommes de la *Jaysh-al-Jihad al-Muqaddas* organisent le blocus de 100 000 Juifs à Jérusalem. Une opération de ravitaillement est alors mise en place par les Israéliens pour leur venir en aide, mais elle coûte la vie à de nombreux hommes. Par ailleurs, sur le territoire palestinien, la circulation entre les différentes zones juives, assez éloignées les unes des autres, est difficile.

Si jusqu'à la fin du mois de mars 1948, l'avantage semble tourner en faveur des Palestiniens, la guerre est finalement remportée par les Israéliens. Pourtant les défaites initiales de l'*Haganah* ne doivent pas être imputées à une quelconque faiblesse des forces juives, mais plutôt à une politique attentiste (politique consistant à différer une décision jusqu'à ce que la situation se précise). La réorganisation de l'armée sur le plan de l'organisation, de l'entraînement et de l'équipement, grâce notamment à l'arrivage d'armes provenant de Tchécoslovaquie en avril 1948, permet de lancer victorieusement des offensives contre les populations arabes présentes dans les territoires qu'ils jugent leur revenir. Entre le début du mois d'avril et la mi-mai 1948, les milices palestiniennes et les volontaires arabes sont vaincus.

Durant les six dernières semaines du mandat britannique, les milices sionistes prennent donc le contrôle de toutes les localités mixtes, à l'exception de Jérusalem – qu'elles réussissent toutefois à ravitailler – et rétablissent la communication entre les zones juives. Pour cela, elles appliquent le plan Dalet, plan opérationnel de la *Haganah* datant de mars 1948 qui, pour assurer la continuité territoriale du futur État d'Israël, prévoit la destruction des villages et des villes arabes : c'est le cas par exemple des villages de Haïfa le 22 avril, de Jaffa le 13 mai, etc. Le plan stipule également qu'en cas de résistance, les forces armées doivent être détruites et la population expulsée en dehors des frontières de l'État juif. Des centaines de milliers de Palestiniens (entre 700 000 et 750 000 personnes au total, selon certaines sources) fuient à l'approche des combats ou sont chassés par les forces juives. Ils prennent alors la route en direction de la Galilée, de la Samarie ou rejoignent des camps de réfugiés installés dans les pays voisins.

Les nombreuses victoires des troupes juives durant la guerre civile amènent le chef sioniste, David Ben Gourion, à proclamer l'indépendance de l'État d'Israël le 14 mai 1948, soit la veille du départ des Britanniques. C'en est trop pour les États arabes voisins, qui ne tolèrent pas cette décision et, dès le lendemain, des forces armées égyptiennes, syriennes, transjordaniennes et irakiennes pénètrent dans l'ancienne Palestine mandataire afin de mettre un terme aux revendications juives. Quant aux forces palestiniennes qui ont lutté pendant la guerre civile, elles sont dissoutes ou intégrées aux armées arabes. Débute alors une guerre inter-États, la guerre de Palestine.

ACTEURS PRINCIPAUX

DAVID BEN GOURION, HOMME POLITIQUE ISRAÉLIEN

David Gruen dit « David Ben Gourion » est un homme politique israélien, fondateur de l'État d'Israël, dont il occupe le poste de Premier ministre de 1948 à 1953 et de 1955 à 1963. Il est l'une des grandes figures marquantes de l'histoire d'Israël.

Né à Płońsk (Pologne), David Ben Gourion s'établit en Palestine à l'âge de 20 ans avant d'en être expulsé par les Turcs en 1915. De retour en 1917, il fonde le premier syndicat des travailleurs israéliens (*Histadrout*) en 1921 avant de devenir secrétaire général du Parti travailliste israélien (*Mapaï*). Il devient également le responsable politique du *Yichouv* (terme désignant la communauté juive de Palestine à l'époque du mandat britannique). Président de l'Agence juive à partir de 1935 – l'un des organes politiques chargés de l'administration du *Yichouv* – il est également le chef de la force armée *Haganah*, celle-ci étant placée sous le commandement de l'Agence juive.

C'est à lui que l'on doit le refus des plans de partage proposés par l'ONU en 1947 et en 1948, et la déclaration de l'indépendance de l'État hébreu la même année. Ministre de la Défense, il dirige également l'Armée de défense juive (*Tsahal*) qu'il crée en 1948 à partir de divers groupes armés. Encourageant la combativité de ses soldats, il suit de près les opérations militaires des forces israéliennes. Ce leader incontesté du camp juif est à l'origine de toutes les décisions politiques et militaires importantes prises pour l'État israélien durant la guerre.

En 1963, il se retire de la vie politique et s'éteint à Tel-Aviv en novembre 1973.

ABDALLAH IER, ROI DE JORDANIE

Abdallah bin al-Hussein ou Abdallah Ier de Jordanie est né à La Mecque en 1882. Il devient émir puis roi de Transjordanie de 1921 à 1949 et enfin roi de Jordanie de 1949 à 1951, année de son assassinat à Jérusalem par des nationalistes palestiniens. Il est le fils d'Hussein ibn Ali

(1854-1931), chérif de la Mecque, roi du Hedjaz (région située à l'ouest de l'Arabie saoudite) et l'un des promoteurs de la révolte arabe de 1916 contre les Turcs. Abdallah Ier est à la tête d'une Transjordanie sous mandat britannique qui, malgré la proclamation de son indépendance, reste leur seule alliée au Moyen-Orient durant la guerre de Palestine.

Avant l'entrée en guerre en 1948, il est nommé à titre honorifique commandant en chef de l'Armée de libération de la Ligue arabe. Le rôle qu'il joue durant la guerre de Palestine est important : il est le chef de la meilleure armée du camp arabe, la Légion arabe. Ses troupes sont sur tous les fronts, même si elles se concentrent essentiellement sur la Cisjordanie et Jérusalem. Mais outre son importance militaire, Abdallah Ier a une grande influence politique et diplomatique. Il ambitionne de créer un grand État arabe, la « Grande Syrie », qui regrouperait la Transjordanie, la Palestine, la Syrie et le Liban, et grâce à son armée bien entraînée, il a les moyens de concrétiser son rêve.

Ses intentions à l'égard de l'État juif sont toutefois ambiguës : il dit s'opposer à la création d'un

État israélien, mais cherche avant tout à empêcher celle d'un État palestinien pour acquérir lui-même des territoires. Il veut ainsi annexer la Cisjordanie, conformément à un accord passé secrètement avec la ministre israélienne des Affaires étrangères, Golda Meir (1898-1978). Ce pacte stipule en effet que la Légion arabe n'entrera pas en conflit avec Israël au-delà de la Cisjordanie, une fois le territoire conquis. Cette région est revendiquée par la Transjordanie parce qu'elle est composée de près de 70 % de Palestiniens : Abdallah Ier voudrait donc l'intégrer à son pays sous prétexte qu'il s'agit d'un même peuple. Mais ses ambitions territoriales évidentes engendrent méfiances et dissensions au sein même du camp arabe, notamment dans le chef de la Syrie et de l'Égypte.

De par ses ambitions territoriales, son importance militaire et son attitude ambiguë résultant d'accords secrets, le roi Abdallah Ier est l'un des personnages les plus importants du camp arabe durant la guerre de Palestine.

ANALYSE DE LA GUERRE

LES FORCES EN PRÉSENCE

La guerre de Palestine se déroule donc entre Israël et les pays arabes voisins, à la suite de la proclamation de l'indépendance de l'État juif et de la défaite des Palestiniens. Les forces militaires présentes durant ce conflit sont :

- pour le camp juif, l'Armée de défense d'Israël appelée *Tsahal* ;
- pour le camp arabe, des groupes palestiniens intégrés dans les armées voisines (telles que *Jaysh al-Jihad al-Muqaddas*), dans les armées d'État (comme celle de Transjordanie, la Légion arabe), dans celles d'Irak, d'Égypte, de Syrie, du Liban et de l'Arabie saoudite ainsi que dans l'Armée de libération arabe composée de volontaires et organisée par la Ligue arabe.

Créée le 26 mai 1948, l'Armée de défense d'Israël est appelée *Tsahal*. Avant l'existence de l'État juif, les forces chargées de défendre le peuple sioniste étaient des groupes armés indépendants tels que la *Haganah*, fondée dans les années vingt avec comme objectif la défense des émigrés juifs contre les potentielles attaques arabes. Celle-ci est à la base de la création de l'Armée de défense d'Israël et est rejointe en 1948 par d'autres forces clandestines armées telles que le Lehi et l'*Irgoun*.

La Légion arabe de Transjordanie est composée durant la guerre de Palestine d'environ 10 000 hommes répartis en quatre régiments et appuyés par 75 blindés. Commandée par des officiers britanniques, l'armée est expérimentée et bien équipée.

Cette guerre se déroule en plusieurs étapes et est marquée par deux périodes de trêve.

LES PREMIERS COMBATS (MAI-JUIN 1948)

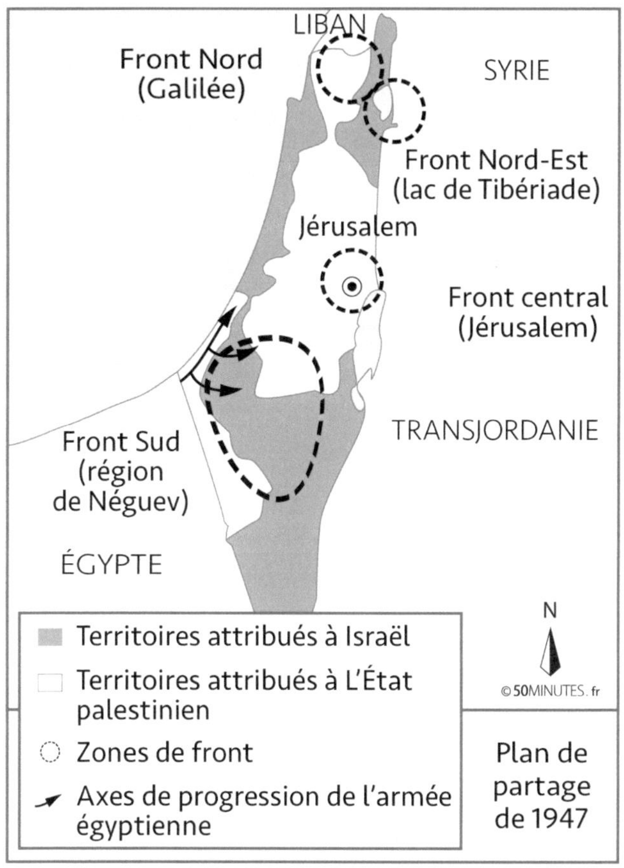

Du 15 mai au 11 juin 1948, les forces arabes passent à l'offensive suite à la proclamation d'indépendance d'Israël :

- sur le front central (autour de Jérusalem), le plus actif durant la guerre, la bataille de Jérusalem oppose les Israéliens à la Légion arabe transjordanienne. La prise du quartier juif de la Vieille ville constitue une perte importante sur le plan symbolique. Ne pouvant s'y introduire par la force, les armées transjordaniennes font le siège des autres quartiers juifs de Jérusalem. Des batailles ont lieu dans les villages aux alentours – à Latroun notamment – pour effectuer le ravitaillement de la ville en hommes, en matériel et en nourriture, nécessaire aux Israéliens. Ces opérations sont également utiles pour maintenir des voies de communication entre les régions qu'il contrôlent. Les troupes transjordaniennes sont aussi concentrées en Samarie afin de prendre le contrôle politique de la région et de l'annexer. Elles sont par la suite relevées par les Irakiens dans certaines villes pour leur permettre de se concentrer sur Latroun et Jérusalem ;

- sur le front Nord-Est (situé autour du lac de Tibériade) se trouvent les troupes syriennes et transjordaniennes, mais cette région reste assez calme ;
- sur le front Nord (situé en Galilée), tenu par des éléments de l'Armée de libération arabe, la situation territoriale connaît peu d'évolution et les Israéliens pourtant avantagés dans cette région ne parviennent pas à en tirer profit pour renforcer leur enclave en Galilée centrale et relier Nazareth ;
- sur le front Sud (situé dans la région du Néguev), l'armée égyptienne rencontre peu d'opposition et se déploie dans trois directions : le long de la côte (l'actuelle bande de Gaza), au nord du Néguev et vers la Judée où la présence juive assez faible facilite le déploiement des Égyptiens ainsi que celui des Transjordaniens, qui ont des visées expansionnistes sur la région.

Aucun succès décisif ne se produit durant cette période, mais on dénombre la perte de 1 600 Israéliens – dont 1 200 soldats – et 1 400 morts du côté palestinien. Du point de vue territorial, plusieurs villes et villages situés au-delà des frontières établies par le plan de partage sont pris par les Israéliens. À l'inverse, 12 villages arabes censés appartenir à l'État hébreu échappent encore à son autorité. Le 11 juin, à bout de force, les deux camps finissent par accepter la trêve proposée le 22 mai par le médiateur de l'ONU, Folke Bernadotte af Wisborg (1895-1948).

LA PREMIÈRE TRÊVE (11 JUIN-8 JUILLET 1948)

La trêve est acceptée par les Israéliens parce qu'ils ont besoin de temps pour obtenir l'armement lourd acheté en Europe, mais aussi par la Transjordanie, satisfaite d'avoir atteint une partie de ses objectifs, tandis que les autres pays arabes la refusent dans un premier temps. Puis, voyant leur avancée bloquée, ils finissent par accepter le cessez-le-feu. Pour empêcher que l'un des camps ne se renforce durant cette période, l'ONU décrète un embargo sur l'armement. Mais Israël, qui s'approvisionne clandestinement auprès du bloc de l'Est depuis 1947, réussit à le contourner et fait venir des armes de Tchécoslovaquie. L'État hébreu voit non seulement son potentiel militaire augmenter, mais également son armée être réorganisée pour une plus grande efficacité : ses troupes en ressortent plus fortes notamment grâce à une formation et à un entraînement intensifs. Les armées arabes, quant à elles, dépendent matériellement de la Grande-Bretagne, ce qui les empêche de se réapprovisionner.

Entre-temps, le médiateur Folke Bernadotte af Wisborg établit un nouveau plan de partage qui accorde la Galilée aux Juifs et le Néguev aux Arabes. Mais le rejet du projet met fin à la trêve et fait replonger les deux camps dans la guerre le 8 juillet 1948.

REPRISE DES HOSTILITÉS : LA CAMPAGNE DES DIX-JOURS (8-18 JUILLET 1948)

Bénéficiant de troupes plus aguerries, les Israéliens changent de stratégie en passant davantage à l'offensive. Trois opérations sont lancées en dix jours :

l'opération « Dani » concerne le centre du pays et a pour objectif de sécuriser et d'élargir le couloir entre Jérusalem et Tel-Aviv. Les villes de

Lydda et de Ramle sont prises alors que celles de Latroun et de Ramallah résistent. La conquête de Lydda est marquée par un massacre important (démenti aujourd'hui par Israël) : 250 civils auraient été exécutés et près de 70 % des habitants auraient été expulsés ;

l'opération « Dekel » se déroule au nord et prévoit la capture de la Galilée en deux phases. La première consiste à prendre la ville de Nazareth, le 16 juillet, et la deuxième à s'emparer des villages entourant la ville. C'est ainsi que le 18 juillet, les Israéliens occupent tout le sud de la Galilée ;

l'opération « Kedem » a pour but de reprendre le contrôle total de Jérusalem et surtout des vieux quartiers passés sous contrôle des Transjordaniens. Mais la ville reste jordanienne jusqu'en 1967 (guerre des Six Jours).

DEUXIÈME TRÊVE (18 JUILLET-15 OCTOBRE 1948)

Les défaites s'enchaînent pour les Arabes, alors que la campagne des Dix-Jours est considérée comme un véritable succès pour Israël. Devant l'urgence de la situation, le Conseil de sécurité des Nations unies demande une nouvelle trêve et les diplomates tentent d'élaborer un plan de partage qui pourrait satisfaire chacun des acteurs. Folke Bernadotte af Wisborg présente alors son projet, qui propose :

- l'annexion des zones arabes comme le Néguev ainsi que les villes de Lydda et de Ramle à la Transjordanie ;
- l'occupation de la Galilée par les Israéliens ;
- la mise sous contrôle international de la zone côtière et de Jérusalem ;
- le rapatriement des réfugiés palestiniens.

Un plan tel que celui-ci marque l'abandon de l'idée d'un État palestinien. L'État juif occuperait alors la Galilée tandis que le passage entre la zone côtière et Jérusalem serait sous contrôle international. Quant aux réfugiés palestiniens, ils seraient rapatriés. Ce plan est lui aussi rejeté, car les pays arabes, qui refusent toujours l'existence d'un État juif, ne veulent pas voir la Transjordanie profiter de la situation en annexant des territoires de l'ancienne Palestine. Les Israéliens, quant à eux, estiment que ce plan leur est trop défavorable, d'autant plus qu'ils sont en passe de gagner la guerre. Après plusieurs menaces, le médiateur de l'ONU est assassiné par un groupuscule issu du Lehi le 17 septembre. Il est remplacé par l'Américain Ralph Johnson Bunche (1904-1971) qui, au lieu de proposer des plans de partage, favorise plutôt les périodes de cessez-le-feu. Le lendemain de l'assassinat, les dernières unités du Yigourn encore existantes – bien qu'elles n'aient rien à voir avec le crime commis – et celles du Lehi sont dissoutes pour prévenir d'autres actes terroristes et intégrées au Tsahal. Le processus d'intégration des diverses milices en une grande armée israélienne entamé lors de la première trêve est alors achevé.

Cette seconde trêve a encore été l'occasion pour l'armée israélienne de se renforcer numérique-ment et d'opérer des réorganisations en vue d'améliorer l'efficacité de ses forces militaires. Les faiblesses des Arabes (les problèmes de coor-dination, d'entraînement et de commandement) n'ont par contre pas été résolues : aussi se re-trouvent-ils réellement en infériorité numérique.

DERNIÈRE REPRISE DES COMBATS (15 OCTOBRE 1948-JUIN 1949)

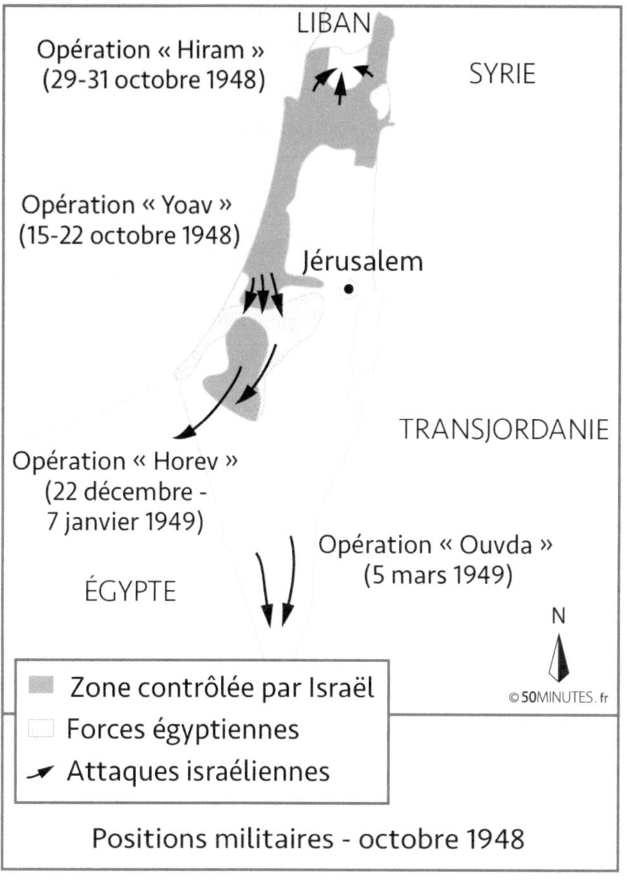

Cette période est marquée par une consolidation de l'emprise territoriale des Israéliens en Palestine.

Dans la région désertique du Néguev, certaines implantations juives sont entourées par l'armée égyptienne, ce qui empêche leur annexion à l'État juif. L'opération « Yoav », qui consiste à casser cet encerclement et à relier les diverses implantations pour créer une continuité territoriale, est alors lancée le 15 octobre 1949. Une attaque aérienne israélienne met les Égyptiens en difficulté et provoque l'intervention de la Légion arabe d'Abdallah Ier. Au lieu d'ouvrir un second front, celle-ci essaie de combler le vide laissé par les Égyptiens qui se replient, pour éviter de voir leur territoire coupé en deux par une attaque adverse. Les Transjordaniens étendent donc leur territoire puisqu'ils contrôlent également la Samarie (nord de la Cisjordanie) et la Judée (au sud). Mais le 22 octobre, un cessez-le-feu est imposé par les instances internationales.

À partir du 28 octobre, les Israéliens tentent de récupérer les poches arabes qui leur échappent encore, mais qui paraissent vulnérables, car elles sont défendues par des volontaires de l'Armée de libération et non par une armée d'État. Profitant du cessez-le-feu avec les Transjordaniens et les Égyptiens dans le Néguev, les Juifs concentrent leurs actions dans cette région et lancent l'opération « Hiram » qui permet de chasser les hommes de l'Armée de libération vers le Liban. Les Israéliens profitent de l'occasion pour pénétrer sur le territoire libanais.

Une deuxième action est lancée le 22 décembre dans le nord du Néguev. Grâce à l'opération « Horev », les Israéliens envahissent le territoire de l'actuelle bande de Gaza pour faire diversion et permettre une entrée discrète d'une partie de leurs forces au sud, près du Sinaï égyptien. Mais cela n'échappe pas à la Grande-Bretagne, qui menace d'intervenir en vertu des accords qu'elle a avec l'Égypte. Les Israéliens sont donc contraints d'évacuer le Sinaï. Tout le nord du Néguev reste toutefois entre leurs mains, excepté une poche égyptienne à Fagoula qui résiste et inflige de lourdes pertes au *Tsahal*.

Dans le reste de la région, la situation reste calme durant une partie de la guerre de Palestine. Comme les plans de partage attribuent cette région aux Israéliens, ceux-ci n'en font pas une priorité absolue, d'autant que ce territoire tout en longueur est coincé entre les armées égyptienne et transjordanienne. Alors qu'un cessez-le-feu est signé avec les premiers, les seconds s'y refusent : les Israéliens lancent alors l'opération « Ouvda » le 5 mars 1949. L'objectif des Transjordaniens est néanmoins de se maintenir tout en gardant la Cisjordanie et non de relancer la guerre avec les Israéliens. C'est pourquoi ils acceptent de négocier un cessez-le-feu à partir du mois de janvier et de se retirer du Néguev. Beaucoup considèrent d'ailleurs le lever de drapeau israélien sur la station de police d'Umm Rashrash le 10 mars comme le symbole de la fin de la guerre de Palestine.

La région du nord-ouest de la Samarie est quant à elle tenue par les troupes irakiennes et transjordaniennes. Comme les Israéliens sont désireux de concentrer leurs forces sur la région du Néguev et de la Galilée, les combats ont cessé dans cette région depuis la seconde trêve. Israël a d'ailleurs établi avec la Transjordanie un accord partiel de partage de territoires en 1947, et puisqu'il s'agit des deux meilleures armées prenant part au conflit, un affrontement direct est un risque qu'aucun d'eux n'est prêt à courir.

Des négociations (officielles à partir de la fin du mois de février 1949 à Rhodes) sont alors entamées pour ce territoire : les Israéliens souhaitent non seulement le retrait des troupes irakiennes, mais également de quelques villages contre deux larges zones, appelées plus tard le « Triangle ». Abdallah Ier de Jordanie cède aux exigences des Israéliens et un armistice est signé le 30 mars. Le transfert d'autorité se déroule dans le calme et seuls les réfugiés palestiniens présents sur le territoire jordanien sont expulsés. Israël finit donc par fixer les frontières qui seront les siennes jusqu'en 1967.

Alors que les Irakiens refusent de prendre part aux négociations, les accords de Rhodes débouchent sur la conclusion de quatre armistices signés en 1949 : israélo-égyptien le 24 février, israélo-libanais le 23 mars, israélo-jordanien le 3 avril et israélo-syrien le 20 juillet, date officielle de la fin de la guerre de Palestine. Les conséquences de la victoire israélienne sont dès lors multiples.

Bien que le mythe du combat d'un David juif contre un Goliath arabe géant ait fait foi durant de nombreuses années, les historiens s'accordent aujourd'hui pour dire que les forces en opposition étaient numériquement égales (19 000 Juifs contre 23 000 Arabes). La différence s'est donc jouée dans le fait que l'armée israélienne était davantage expérimentée (beaucoup de soldats ayant combattu au côté des Britanniques durant la Seconde Guerre mondiale), mieux entraînée et mieux commandée.

Même avec l'appui de la Légion arabe de Transjordanie, considérée comme la meilleure armée dans la région, le camp arabe doit faire face à des dissensions au sein de ses différentes composantes : d'un côté se trouvent les pays pro-hachémites, dynastie dont sont issus les rois de Transjordanie et d'Irak, et de l'autre les pays anti-hachémites que sont l'Égypte, la Syrie, l'Arabie saoudite et le Liban. À cela, s'ajoutent les méfiances entre pays liées aux politiques ambiguës menées par certains dirigeants, comme par exemple Farouk Ier, roi d'Égypte (1920-1965) qui se dit prêt à négocier avec Israël à condition qu'il obtienne le contrôle de la bande de Gaza, ou encore Adballah Ier, qui négocie secrètement l'annexion de la Cisjordanie. Ces armées sont donc moins bien équipées et entraînées et souffrent d'un manque de stratégie commune et de coordination tactique entre les différentes forces armées. C'est pourquoi les Israéliens, mieux préparés, gagneront la guerre de Palestine.

RÉPERCUSSIONS DE LA GUERRE

ÉCHEC DE LA CONFÉRENCE DE LAUSANNE

Outre les négociations d'armistice, la Commission de conciliation pour la Palestine organise la conférence de Lausanne qui se tient du 27 avril au 15 septembre 1949 afin de régler les problèmes nés du conflit israélo-palestinien. Alors que les réfugiés demandent l'autorisation de retourner dans la région où ils habitaient auparavant, Israël maintient ses positions et refuse de modifier ses nouvelles frontières. Les tentatives de conciliation se soldent une fois encore par un échec.

CONSÉQUENCES TERRITORIALES

Les accords de Rhodes consacrent les changements territoriaux résultant de la guerre :

- l'État d'Israël prend la Galilée, la côte jusque Gaza, Jérusalem-Ouest et la région du Néguev. Le territoire israélien s'est donc agrandi d'un tiers par rapport à celui alloué initialement par l'ONU. Les Israéliens possèdent donc 77 % du territoire au lieu des 55 % octroyés par le plan de partage de 1947. En effet, 6 700 km² qui auraient dû revenir aux Palestiniens sont annexés ou occupés ;

- la bande de Gaza est administrée par l'Égypte jusqu'en 1967, année à laquelle Israël récupère le territoire ;
- la Transjordanie, qui prend le nom de Jordanie, occupe Jérusalem-Est et annexe officiellement la Cisjordanie le 24 avril 1950, laquelle passe sous contrôle israélien à la suite de la guerre des Six Jours, en 1967.

L'idée de créer un État palestinien semble dès lors avoir été abandonnée et l'ONU valide les changements territoriaux en ne faisant plus référence aux plans de partage prévus initialement. Toutefois, aucune des parties n'affirme considérer ces frontières comme définitives. Elles seront maintes fois remises en cause et donneront lieu à d'autres conflits ultérieurs entre Israël et ses voisins (crise du canal de Suez, guerre des Six Jours, guerre du Kippour).

CONSÉQUENCES DÉMOGRAPHIQUES

Les pertes humaines sont importantes chez les belligérants : on fait état de 5 800 morts et d'environ 12 000 blessés dans les rangs israéliens et d'environ 4 000 soldats du côté arabe et entre 13 000 et 20 000 Palestiniens. Notons que les chiffres varient fortement d'une étude à l'autre et que du côté palestinien, le nombre de victimes n'a jamais été précisément décompté.

Outre ce lourd bilan humain, la guerre a engendré un exode massif d'environ 700 000 Palestiniens (les sources varient de 530 000 à 900 000 ré-fugiés) qui s'établissent surtout en Cisjordanie, dans la bande de Gaza, au Liban et en Syrie. Les raisons de ces déplacements sont diverses : la violence des combats, l'effondrement de la société palestinienne, la démission des chefs palestiniens, le départ des leaders politiques, les expulsions par les Juifs ou bien encore les ordres d'évacuation lancés par le Haut comité arabe. Cet exode est à l'origine de la problématique actuelle des réfugiés palestiniens, l'un des enjeux majeurs des conflits israélo-arabe et israélo-palestinien. Quant aux causes et aux circonstances de cet exode, elles ne cessent de faire l'objet de controverses entre les historiens. L'ouverture des archives israéliennes en 1980 a toutefois permis de faire le point sur la question, mais les débats restent toujours ouverts.

Ainsi, entre migrations, changements de nationalité liés aux annexions (ainsi, en Cisjordanie, les habitants ont pris la nationalité jordanienne) et formation de diasporas palestiniennes dans les autres pays, le peuplement de la région est profondément bouleversé.

CONSÉQUENCES POLITIQUES

Les États arabes connaissent de grandes difficultés suite à l'échec de la guerre et les régimes politiques sont déstabilisés : la corruption et la faiblesse des armées sont pointées du doigt. Ainsi, de nombreux responsables politiques seront assassinés ou renversés : le Premier ministre égyptien est tué à la fin du mois de décembre 1948, ainsi qu'Abdallah Ier de Jordanie le 20 juillet 1951 ; parallèlement, les présidents syrien et égyptien sont renversés par des coups d'État qui auront lieu respectivement en mars 1949 et en juillet 1952.

À l'issue du conflit, l'armée israélienne s'affirme comme une puissance militaire majeure dans la région. La Grande-Bretagne quitte définitivement la Palestine et la dégradation de ses relations avec les pays arabes la pousse à quitter les zones où elle dispose encore d'une présence militaire (Égypte, Irak et Jordanie). En Israël, le parti travailliste *Mapai*, déjà dominant avant la guerre, gagne en popularité, ce qui lui permet de rester au pouvoir au cours des trente prochaines années jusqu'à ce que le *Likoud* (parti nationaliste) gagne les élections en 1977.

La guerre de Palestine est donc le premier conflit d'une longue série qui se déroulera entre Juifs et Arabes. Aujourd'hui encore, la situation entre Israël et ses voisins est tendue et ses relations conflictuelles avec la Palestine ne paraissent pas sur le point de s'améliorer. En effet, les deux communautés n'ont toujours pas réussi à s'entendre sur la question des frontières et de la contiguïté de leurs territoires, ni sur celle des réfugiés déplacés pendant le conflit. Il existe également d'autres points litigieux tels que la reconnaissance mutuelle des deux peuples, la création d'un État palestinien aux côtés d'Israël, ou encore le statut de Jérusalem et le contrôle de ses lieux saints. Le conflit israélo-arabe occupe aujourd'hui encore une place majeure dans la géopolitique du Proche-Orient dont les enjeux sont étroitement liés aux événements de la guerre de Palestine.

EN RÉSUMÉ

1947

29 nov. : Plan de partage
de la Palestine

30 nov. : Début de la guerre civile

1948

14 mai : Proclamation de
l'indépendance d'Israël

15 mai : Début de la guerre
de Palestine

11 juin : Première trêve

8 juil. : Début de la campagne
des Dix-Jours

18 juil. : Seconde trêve

15 oct. : Reprises des opérations
israéliennes

1949

24 fév. : Signature du premier
armistice

20 juil. : Fin officielle du conflit ;
signature du quatrième
armistice

- Les Britanniques sont mandataires du territoire de la Palestine depuis 1922.
- Face aux diverses révoltes des populations locales, les Britanniques annoncent leur retrait du territoire pour le 15 février 1948.
- Des tensions entre Palestiniens et Israéliens s'intensifient : chacun revendique l'occupation du territoire, dans une escalade de la violence qui culminera avec la guerre civile de 1947 à 1948.
- Le 14 mai 1947, à la veille du retrait britannique, David Ben Gourion proclame l'indépendance d'Israël, ce qui provoque une intervention militaire des pays arabes voisins ; ainsi débute la guerre de Palestine.
- Le conflit inter-États est marqué par deux périodes de trêves pendant lesquelles des négociations sont entamées.
- La victoire israélienne aboutit à la signature des Accords d'armistice de Rhodes, le 24 février 1949, mettant fin à cette première guerre du conflit israélo-palestinien.
- Cependant, de nombreuses questions notamment territoriales, mais aussi celles portant sur les populations déplacées n'ont pas été réglées et posent problème encore aujourd'hui.

Votre avis nous intéresse !
Laissez un commentaire sur le site de votre
librairie en ligne et partagez vos coups de cœur sur
les réseaux sociaux !

POUR ALLER PLUS LOIN

SOURCES BIBLIOGRAPHIQUES

- ABITBOL (Michel), *Juifs et Arabes au XXe siècle*, Paris, Perrin, coll. « Temmpus », 2005.

- CARRÉ (Olivier), *L'Orient arabe aujourd'hui*, Bruxelles, Complexe, 1991.

- CHAIGNE-OUDIN (Anne-Lucie), « Premier conflit israélo-arabe de 1948 », in *Les clés du Moyen-Orient*, consulté le 19 août 2013. http://www.lesclesdumoyenorient.com

- CORDELLIER, (Serge), *Le dictionnaire historique et géographique du XXe siècle*, Paris, La Découverte, coll. « La Découverte/Poche », 2005.

- « David Ben Gourion », in *Encyclopédie Larousse*, consulté le 27 août 2013. http://www.larousse.fr/encyclopedie/personnage/David_Gruen_dit_David_Ben_Gourion/98857

- *L'Histoire du monde : Le monde en guerre*, de 1940 à 1959, Paris, Larousse, 1993.

- « Le conflit israélo-palestinien : un siècle d'histoire en 15 minutes », consulté le 27 août 2013. http://cadtm.org/IMG/pdf/historique_conflit_israelo-palestinien.pdf

- PAPPÉ (Ilan), *La guerre de 1948 en Palestine. Aux origines du conflit israélo-arabe*, Paris, La Fabrique, 2000.

- VENAYRE (Sylvain), « Indépendance d'Israël, proclamation de l' (1948) », in *Encyclopædia Universalis*, consulté le 20 août 2013. http://www.universalis.fr/encyclopedie/proclamation-de-l-independance-d-israel/

SOURCES COMPLÉMENTAIRES

- BARNAVI (Elie), *Une histoire moderne d'Israël*, Paris, Flammarion, coll. « Champs », 1991.

- BOUTROS-GHALI (Boutros) et PERES (Shimon), *60 ans de conflit israélo-arabe. Témoignages pour l'Histoire*, Bruxelles, Complexe, 2006.

- GELBER (Yoav), *Palestine 1948. Guerre d'indépendance ou catastrophe ?*, Brighton, Sussex Academic Press, 2006.

- GRESH (Alain) et VIDAL (Dominique), *Les 100 clés du Proche-Orient*, Paris, Hachette, 2003.

- Gresh (Alain) et VIDAL (Dominique), *Palestine. 1947. Un partage avorté*, Bruxelles, Complexe, 1994.

- LAURENS (Henry), *La question de Palestine. Tome troisième. 1947-1967. L'accomplissement des prophéties*, Paris, Fayard, 2007.

- MORRIS (Benny), *1948*, Londres, Yale University Press, 2008.

- MORRIS (Benny), *Histoire revisitée du conflit arabo-sioniste*, Bruxelles, Complexe, 2003.

- MORRIS (Benny), *The Birth of the Palestinian Refugee Problem (1947-1949)*, Cambridge, Cambridge University Press, 1987.

- ROGAN (Eugène) et SHLAIM (Avi), *1948. La guerre de Palestine*. Derrière le mythe, Paris, Autrement, 2002.

FILMS ET DOCUMENTAIRES

- *Exodus*, film d'Otto Preminger, avec Paul Newman, Eva Marie Saint et Ralph Richardson, États-Unis, 1960.

- *L'Ombre d'un géant*, film de Melville Shavelson, avec Kirk Douglas, Senta Berger et Yul Brynner, États-Unis, 1967.

- *Kedma*, film d'Amos Gitaï, avec Andrei Kashkar, Menachem Lang et Nikol Varom, Israël, 2001.

- *Ô Jérusalem*, film d'Élie Chouraqui, avec Saïd Taghmaoui, JJ Feild et Patrick Bruel, France, 2006.

- *The Sons of Eilaboun*, film documentaire de Hisham Zreiq, Palestine, 2007.

50MINUTES.fr

www.50minutes.fr

ISBN ebook : 978-2-8062-5416-0
ISBN papier : 978-2-8062-5597-6
Dépôt légal : D/2014/12603/21
Photo de couverture : *Réfugiés palestiniens lors de la guerre de Palestine en 1948.* Cette photo est réputée libre de droits.

Conception numérique : Primento,
le partenaire numérique des éditeurs